RAPPORT

SUR LES

CONCOURS DE 1875-1876

ENTRE

LES ÉTUDIANTS DE LA FACULTÉ DE DROIT

DE CAEN

par

M. VAUGEOIS

PROFESSEUR DE DROIT CRIMINEL

CAEN

TYPOGRAPHIE DE F. LE BLANC-HARDEL

RUE FROIDE, 2 ET 4

—

1876

RAPPORT

SUR LES

CONCOURS DE 1875-1876

ENTRE

LES ÉTUDIANTS DE LA FACULTÉ DE DROIT

DE CAEN

par

M. VAUGEOIS

PROFESSEUR DE DROIT CRIMINEL

CAEN

TYPOGRAPHIE DE F. LE BLANC-HARDEL

RUE FROIDE, 2 ET 4

—

1876

RAPPORT

SUR

LES CONCOURS DE 1875-1876

ENTRE

LES ÉTUDIANTS DE LA FACULTÉ DE DROIT.

MESSIEURS,

La Faculté de droit m'a chargé de vous présenter son rapport annuel sur les concours institués entre nos étudiants.

Vous me permettrez de remercier avant tout mes collègues, — presque tous mes maîtres ou mes confrères il y a quinze ans, — d'une désignation à laquelle j'attache un prix particulier. J'aime à confondre cette dernière marque de leur estime et de leur confiance avec celles dont ils honorèrent les débuts d'une carrière que j'ai l'heureuse fortune de poursuivre désormais dans leurs rangs.

Le sujet de droit romain proposé aux élèves de première année était celui-ci : « De l'émancipation. « — Quelle était sa forme ? Quels étaient ses prin- « cipaux effets? » La Faculté a reçu *quinze* compositions. *Sept* d'entre elles, proportion très-satisfaisante, lui ont paru dignes de récompenses. Toutes les sept révèlent, en effet, chez leurs auteurs, l'ensemble de mérites que la matière choisie était de nature à nous permettre de constater : je veux dire la connaissance des principes qui ont régi, aux diverses époques de la législation romaine, la constitution de la famille, ainsi que la méthode et le discernement nécessaires pour exposer clairement les phases successives de l'institution qu'il s'agissait d'étudier.

Nous avons classé au premier rang le travail de M. Deshameaux ; il se fait remarquer par un préambule d'une netteté irréprochable, qui ne se dément pas dans la suite de son exposé, fort complet d'ailleurs, et où prend place, de la manière la plus naturelle, la discussion brève, mais toujours concluante, des difficultés que comporte le sujet. M. Deshameaux le traite en un style ferme et parfaitement approprié aux allures et aux besoins d'une discussion juridique.

On trouve dans la composition de M. Simon, qui reçoit le second prix, une connaissance plus complète des détails, une érudition plus étendue en un mot (si ce mot n'est pas trop ambitieux), mais qui se possède moins, qui s'exprime parfois avec trop de laisser-aller, parfois avec trop de sécheresse. L'auteur, on le voit, a été préoccupé de n'oublier rien de ce qu'il savait sur la matière ;

et l'importance de ses souvenirs ne répond pas toujours à leur fidélité. Il sait beaucoup, en tous cas, et il doit son succès à cette raison décisive.

Nous accordons à M. Jules Madeleine une première mention, et la Faculté a été unanime pour la qualifier de mention *très-honorable :* c'est que la composition de M. Madeleine révèle de précieuses qualités qui semblaient tout d'abord devoir la placer à un rang plus élevé. En même temps qu'une possession très-sûre des textes, on y découvre une maturité de réflexion, des rapprochements qui font reconnaître chez l'auteur l'habitude de la méditation des matières juridiques. Malheureusement sa pensée, originale, est encore trop inexpérimentée, et pour se permettre un ingénieux aperçu ne sait pas toujours se garder d'un écart. Quelques longueurs et des défauts de proportion assez sensibles lui ont fait attribuer définitivement le troisième rang.

La seconde mention honorable appartient à M. René Lalouël, pour un travail qui se recommande par la méthode, et, dans la première moitié surtout, par la précision; un peu superficiel à la fin, toutefois, et pas toujours assez clair.

La Faculté a été heureuse de n'avoir point à borner à celles qui précèdent les récompenses dont elle disposait. MM. du Saussey, Durel et Villey ont fait preuve, en effet, — le premier, à part une ou deux conjectures un peu hasardées, de connaissances étendues qu'un style un peu plus nourri aurait mieux fait valoir ; le second, d'une notable exactitude, qu'il faut pourtant deviner parfois sous des explications trop peu complètes; le troisième enfin, d'une étude très-détaillée du sujet, qui eût pu lui valoir une plus haute distinction, s'il n'avait commis une erreur assez grave, et s'il avait mieux accentué les divisions de la matière. L'éloge et la critique nous ont paru devoir s'équilibrer pour tous les trois dans d'égales proportions ; mais nous n'avons point hésité à leur accorder *ex æquo* une troisième mention honorable.

Dix-huit concurrents ont traité, en droit français, le sujet large, pratique et du plus haut intérêt doctrinal, qui leur était proposé : à savoir, quel est le droit du propriétaire qui a une source dans son fonds ?

Nous avons avec une égale satisfaction retrouvé, au nombre de ceux que j'ai à vous faire connaître, quelques-uns des noms que j'ai déjà prononcés, et enregistré, même aux premiers rangs, ceux de leurs émules moins heureux tout à l'heure.

M. Frémont, très-complet, sobre en même temps dans ses discussions et fort exact dans les conclusions qu'il en tire, a, sans doute aucun, le premier prix.

M. Prempain, à qui le second prix est attribué, est aussi complet que M. Frémont et présente quelquefois plus de force dans son argumentation ; mais il pèche trop souvent par un style que je veux appeler trop abondant, ne voulant pas dire verbeux, pour ne rien laisser perdre de la très-bonne impression qui nous est restée néanmoins de son travail.

M. Villey et M. Deshameaux viennent ensuite *ex æquo* avec la première mention, que nous qualifions, ici encore, de *très-honorable*. M. Villey, après un excellent début, conduit avec rigueur sa discussion, dont les déductions vives et correctes répondent bien à la franchise de son entrée en matière ; mais il est trop court à la fin, et il a négligé, sur le point le plus important de son sujet, de développer le système contre lequel il s'est prononcé. — Il y a beaucoup plus de respect des proportions chez M. Deshameaux, dont l'exposition est seulement un peu moins vigoureuse et l'argumentation moins complète. M. Deshameaux est surtout constamment égal à lui-même, c'est-à-dire à un fort bon esprit. La Faculté n'a que deux prix à sa disposition ; elle en exprime le regret non pas seulement à MM. Villey et Deshameaux, mais à leurs concurrents, MM. Durel et de Grainville, qui obtiennent *ex æquo* la 2ᵉ mention honorable ; et à M. de Bérenger, à qui nous attribuons la troisième.

Les distances, pourtant, sont ici plus sensibles. MM. Durel et de Grainville n'ont pas envisagé toutes les questions de la matière ; il y a aussi moins d'expérience dans leur style, surtout chez M. de Grainville, qui rachète toutefois, par la valeur de ses arguments, la jeunesse très-pardonnable de sa plume.

M. de Bérenger est moins complet encore, et surtout il devra s'attacher à fortifier et à lier plus étroitement ses raisonnements, pour tirer tout le parti désirable des connaissances qu'il a révélées.

Si nous avons dû limiter à sept les distinctions individuelles, il n'est que juste de reconnaître que, parmi les onze compositions qui viennent ensuite, il n'en est pas une qui ne révèle d'incontestables mérites ; et nous sommes heureux de déclarer que Messieurs les Étudiants de première année nous ont donné de leur valeur juridique des prémices pleines de promesses.

Ces mêmes promesses, nous les avions reçues l'an passé de leurs prédécesseurs, et ceux-ci les ont dignement tenues dans le concours de seconde année, dont j'ai maintenant à vous entretenir.

« De l'effet déclaratif du partage. » — Tel était, en droit civil, le sujet à traiter. Abstraite et difficile entre toutes, cette vaste théorie qui se représente sous une multitude d'aspects divers, dans presque toutes les parties de notre législation civile et même commerciale, a été abordée avec une grande sûreté de principes par presque tous les concurrents et notamment dans les *cinq* compositions que la Faculté a distinguées sur les *dix* qui lui ont été remises.

M. Lemasson vient le premier, se faisant remarquer par une méthode et une clarté constantes. On le voudrait parfois plus serré. Il a bien développé les origines fiscales de notre article 883 du Code civil; et il en a aussi, avec tact, présenté l'application aux legs de meubles et d'immeubles.

Nous décernons le second prix à M. de Gourmont qui s'est approché de très-près du premier par la solidité de ses études et par une vigueur de pensée et de style qui attachent. Nous avons remarqué ses développements sur la licitation et le partage des créances.

M. Morin, qui obtient la première mention honorable, a commis, dès le début, une grave erreur historique et sur quelques autres points des omissions regrettables; mais ses discussions sont bonnes, notamment sur l'article 832 du Code civil, et accusent un esprit juridique très-formé. Il l'a bien prouvé, du reste, dans une autre épreuve, où je vais le rencontrer tout à l'heure.

J'en dis tout autant de M. Turgeon, qui emporte ici, en attendant mieux, la deuxième mention honorable. La première partie de son travail serait excellente, si, après avoir bien expliqué l'état de la question dans le droit romain, il n'avait gardé un silence presque complet sur le droit coutumier, dont l'importance est ici capitale. Plus loin, M. Turgeon a atténué le mérite d'une exposition et d'une argumentation, qui nous avaient très-particulièrement frappés, en ne respectant pas assez les limites de son cadre.

M. Drapeau aura la troisième mention honorable avec une dissertation qui, pour la clarté dans la conception du sujet et dans la mise en œuvre de ses détails est une des meilleures parmi celles, toutes très-recommandables, que nous signalons. Les principes toutefois ne sont point assez vigoureusement circonscrits, et, de plus, M. Drapeau a commis une faute d'ordre particulièrement grave en cette matière, en insérant au milieu de son travail toute la partie historique, par laquelle il fallait commencer. Enfin, s'il traite, avec raison, certains points qu'on ne rencontre pas chez ses émules, il se place, lui aussi, quelquefois en dehors des bornes proposées.

Le second sujet de concours, vous le savez, Messieurs, est fourni aux étudiants de seconde année, alternativement par l'enseignement de la procédure civile et par celui du droit criminel. C'était, cette année, au droit criminel que nous devions l'emprunter, et c'est la théorie de la complicité qui a été désignée : matière bien étendue encore et fort importante, qui nous a valu *onze* compositions, presque toutes dignes d'éloges. Les deux premières, même, nous ont causé un embarras dont nous sommes loin de nous plaindre. La commission de correction ne savait à laquelle attribuer le premier prix ; à ce point que le respect seul du règlement, qui ne permet point les classements *ex æquo* pour les deux premières récompenses, a empêché la Faculté de trancher ainsi tous les doutes.

Elle a, en fin de compte, désigné M. Morin pour le premier prix et M. Turgeon pour le second ; M. Morin plus condensé ; — M. Turgeon plus aisé ; — tous deux également précis ; — le premier plus pénétrant ; le second plus démonstratif ; — tous deux possédant parfaitement la matière. Plus de force philosophique, chez M. Morin dans une partie de notre législation, qui s'en remet aux déductions rationnelles, pour résoudre tant de difficultés pratiques, a fait pencher la balance en sa faveur ; mais nous avons le droit de garder une place égale dans notre estime à ces deux dissertations remarquables.

Nous ne pouvions plus, et nous l'avons vivement regretté, décerner un prix à M. Drapeau, qui devra se contenter d'une première mention des plus honorables. Il a montré autant de science que MM. Morin et Turgeon, et son travail renferme, en droit philosophique, d'excellentes observations, notamment sur le recel et les circonstances *réelles*, *personnelles* ou *mixtes* qui influent sur la criminalité du complice ; mais il a commis quelques erreurs qui, entre lui et ses deux concurrents précédemment nommés, ont marqué une différence appréciable, quoique légère.

La Faculté accorde une deuxième mention honorable à M. Louise, pour une composition dont le mérite n'est pas beaucoup inférieur à celui des travaux dont je viens de rendre compte. Elle est même plus riche de détails; elle fait notamment à l'histoire une part légitime, sans exagération ; dans l'agencement de son travail, M. Louise sait encore grouper heureusement autour d'un principe bien posé toutes les conséquences qu'il croit devoir en déduire. Quelques inexactitudes graves en matière de recel, et (faut-il le dire?) un peu trop de plaidoirie, lui ont valu le rang qui lui est assigné ; rang fort estimable, car une supériorité assez sensible distingue ces quatre premières compositions de celles, très-méritantes encore, qui viennent à leur suite.

MM. Lemasson et Perrotte reçoivent tous deux *une troisième mention honorable.*

M. Lemasson a montré, en droit criminel, toutes les qualités qui lui ont valu le premier prix de droit civil. Son historique est bien présenté ; ses divisions sont claires ; son raisonnement marche bien ; mais il a trop incomplètement traité la matière, se bornant à laisser deviner, et regretter, tout ce qu'on pouvait attendre de lui.

M. Perrotte sait beaucoup, et dit ce qu'il sait avec beaucoup d'ordre; mais il ne sait pas toujours assez sûrement, et il laisse échapper quelques méprises graves, qui ne l'ont pas empêché de se placer sur la même ligne que M. Lemasson, par l'ensemble de ses très-sérieuses qualités.

Nous sommes certains, enfin, de ne rien exagérer en donnant à M. de Gourmont une quatrième mention honorable. Son succès, en droit civil, nous rassurerait en cas de doute ; mais nous ne pouvions hésiter à reconnaître, dans sa dissertation de droit criminel, la force d'idées et d'expression à laquelle il avait allié si heureusement, dans la première épreuve, une entente précise des difficultés du sujet, que nous n'avons point ici retrouvée.

J'arrive aux concours de 3º année, au résultat desquels, indépendamment des récompenses immédiates, s'attachent pour les lauréats une recommandation efficace et même, par la gratuité des études de doctorat, des facilités matérielles pour préparer leur avenir.

Et pourtant, cette année, le nombre des concurrents n'a point répondu à notre attente. J'ai hâte d'ajouter que le mérite de ceux qui se sont présentés me permet d'atténuer heureusement l'expression de ce regret.

En droit romain, comme en droit civil français, trois concurrents ont traité la question désignée. C'était, pour le droit romain, la *théorie des pactes*, si fertile en controverses, empreinte qu'elle est des modifications successives subies par le vieux droit des Quirites, presque à chaque pas de sa curieuse histoire.

La Faculté n'a cru devoir retenir qu'une dissertation ; mais elle n'en décerne pas moins à son auteur, M. Lepoittevin, *un premier prix* dignement mérité. — M. Lepoittevin emprunte à une science très-étendue et très-précise des textes de riches matériaux, qu'il met en œuvre avec une méthode et un style juridique remarquables. Le jeune écrivain a l'expérience de la discussion et donne à la sienne, fort solide d'ailleurs, un ton alerte qui en aiguise l'intérêt.

Je ne m'étends pas sur ces premiers éloges, que

j'ai mission de transmettre à M. Lepoittevin ; j'aurai deux fois à les lui renouveler.

La matière du concours, en droit civil français, était ainsi formulée : « En quelle qualité la femme « exerce-t-elle ses prélèvements, aux termes de l'ar- « ticle 1471 du Code civil? » Question qui a reçu, en 1858, de la jurisprudence de la Cour de Cassation une solution dont le principe est à peu près incontesté aujourd'hui, mais dont les conséquences sont matière à de graves dissidences.

Cette fois-ci, j'ai à faire connaître les noms de nos trois concurrents, à qui nous accordons deux prix et une mention honorable.

C'est M. Lepoittevin qui, de nouveau, se place au premier rang. Il a présenté, analysé, et très-fortement jugé les nombreux systèmes qui se sont produits dans la doctrine et dans les arrêts ; à part une légère obscurité, au début de son exposition, sa dissertation est irréprochable.

M. Tiphaigne a très-nettement abordé la question, formulé avec discernement les motifs qui déterminent ses conclusions. Il a révélé, lui aussi, beaucoup d'acquis ; mais son argumentation est moins exercée que celle de M. Lepoittevin. Son travail, fort recommandable néanmoins, lui a valu le second prix.

M. Du Plessis s'est montré digne aussi d'une mention honorable par une bonne entrée en matière, suivie d'une étude qui décèle à maintes reprises la lecture judicieuse des monuments de la doctrine et de la jurisprudence. Quelques confusions, des oublis assez importants et une conclusion dont la netteté laisse à désirer, l'ont placé à une distance assez sensible des deux premières compositions.

Aux élèves de la même année est ouverte une troisième lutte qui a pour sujet le droit commercial, et dont les conditions consistent dans une dissertation écrite, suivie d'une exposition orale, le tout sur des matières distinctes, les concurrents devant être jugés d'ailleurs sur l'ensemble des deux épreuves.

MM. Lepoittevin et Tiphaigne les ont soutenues toutes deux avec succès. Mais ici la Faculté ne peut accorder qu'un prix. Il a été attribué encore à M. Lepoittevin. Dans sa dissertation écrite sur le point de savoir si l'autorisation de faire le commerce, régulièrement accordée à un mineur, peut être révoquée, il a brillé, sans faiblir un instant, par le rare ensemble de qualités qu'il avait révélées dans les concours de droit romain et de droit civil français. Nous avons été plus frappés encore de la précision et de la netteté de sa parole dans l'exposé rapide qu'il a dû faire des diverses espèces de Sociétés commerciales. Nous l'en félicitons sans réserves.

A M. Tiphaigne nous décernons aussi une mention très-honorable. Son épreuve écrite pêche par une méthode insuffisante et quelques écarts en dehors de la question ; mais il a expliqué verbalement les principaux effets du jugement déclaratif de faillite avec autant de sûreté que de tact et de mesure.

Il ne me reste plus à vous entretenir, Messieurs, que des résultats du concours entre les docteurs ou aspirants au doctorat. Nous sommes pour eux, naturellement, plus sobres d'éloges, plus faciles à la critique. Ce ne sont plus là les premiers essais de nos jeunes juristes, se traduisant par une composition faite en six heures, avec le seul texte de la loi pour guide. Il s'agit d'œuvres plus mûries, de mémoires écrits dans le délai de presque une année, avec les matériaux amassés pendant la durée des études de licence, sans aucune limitation, en un mot, des ressources doctrinales dont leurs auteurs sont invités à s'aider. C'est souvent un livre que nous recevons à correction (quand nous le recevons), — et dont nous signons la préface.

Parmi les sujets proposés par la Faculté, M. le Ministre de l'instruction publique avait désigné le suivant : « Des clauses pénales dans les contrats et « dans les dispositions à titre gratuit, en droit « romain et en droit français. »

Comme tout à l'heure, il me faut, au nom de la Faculté, formuler un regret, et constater bien volontiers une compensation ; le regret, c'est qu'un seul mémoire nous soit parvenu ; la compensation, c'est qu'il est digne de la récompense la plus élevée que nous puissions décerner. L'ouverture du pli cacheté, contenant le nom de l'auteur, a fait connaître qu'elle appartient à M. Hervé Lamache, docteur en droit, avocat à la Cour de Caen.

Suivant, avec raison, la division tracée par l'énoncé même du sujet, l'auteur a étudié dans deux parties distinctes de son travail, très-simplement et très-clairement ordonnées, la nature, les applications et les effets de la clause pénale, d'abord dans les contrats à titre onéreux, puis dans les dispositions à titre gratuit. Il a fait preuve partout d'une science aussi sûre que variée, puisée aux sources les plus récentes, françaises ou étrangères. Pour ce qui concerne la clause pénale dans les contrats à titre onéreux, son excellent exposé des différences qui séparent, en droit romain, la stipulation *pœnæ* de l'obligation conditionnelle, est à noter particulièrement ; — et quant à la législation française, il a circonscrit avec justesse le caractère de la clause pénale comparée, soit à l'obligation conditionnelle, dont elle se sépare chez nous bien plus nettement qu'à Rome, soit aux obligations alternatives ou facultatives ou aux autres combinaisons juridiques qui semblent avoir avec elle un rapport quelconque. L'auteur pose encore avec sagacité les distinctions de principe qui doivent servir de point de départ à l'interprétation pratique, souvent si difficile, de ces sortes de clauses. On regrette quelquefois l'absence d'une observation critique à l'appui de l'approbation qu'il accorde, et qu'il lui eût été facile de motiver brièvement, à quelques décisions de la jurisprudence.

Sur la clause pénale dans les dispositions à titre gratuit sa dissertation en droit romain révèle, avec les qualités que j'ai signalées dans la première partie, le goût et l'expérience heureuse des recherches érudites. Elle contient notamment sur la *multa testamentaria* des conjectures entièrement nouvelles que l'auteur doit à de patientes et très-personnelles investigations, et qui ont, au plus haut degré, le caractère de la vraisemblance. En droit français M. Lamache a tiré d'une étude complète de toute notre jurisprudence civile, depuis 1804, sur la clause pénale, en matière de libéralités, une théorie d'ensemble dont l'expression est fort nette sous sa plume. Son mémoire, en résumé, est plein de substance, et, malgré quelques passages qui manquent un peu de force et de relief, la Faculté a voulu qu'il fût honoré de la première médaille d'or.

J'ai terminé, Messieurs, la tâche qui m'avait été confiée. Je prends sur moi, certain de n'être pas désavoué, d'y ajouter un dernier mot ; puisque notre faculté peut s'applaudir d'une dernière et toute récente satisfaction. Cette année encore, en effet, elle a été dignement représentée au concours d'agrégation ouvert à Paris. M. Poisnel, un de ses docteurs, y a conquis le titre d'agrégé par de brillantes épreuves. Depuis 1858, M. Poisnel est, si je compte bien, le 17e à s'inscrire sur cette liste qui promet de s'accroître. Je n'ai pas encore, mes chers collègues, le droit d'être modeste en notre nom commun ; et j'en profite pour recueillir et publier, non-seulement sans scrupule, mais avec reconnaissance pour ma part, ce simple et éloquent témoignage de l'éclat et de la fécondité de votre enseignement.

Caen, Typ. F. Le Blanc-Hardel.

www.ingramcontent.com/pod-product-compliance
Lightning Source LLC
Chambersburg PA
CBHW060456050426
42451CB00014B/3351